解痛逆龄
拉伸法

陈秀娟 编著

人民邮电出版社
北京

图书在版编目（CIP）数据

解痛逆龄拉伸法 / 陈秀娟编著. -- 北京：人民邮电出版社，2024.5
ISBN 978-7-115-63323-1

Ⅰ．①解… Ⅱ．①陈… Ⅲ．①健身运动－中老年读物
Ⅳ．①G883-49

中国国家版本馆CIP数据核字(2023)第244283号

免 责 声 明

　　本书内容旨在为大众提供有用的信息。所有材料（包括文本、图形和图像）仅供参考，不能用于对特定疾病或症状的医疗诊断、建议或治疗。所有读者在针对任何一般性或特定的健康问题开始某项锻炼之前，均应向专业的医疗保健机构或医生进行咨询。作者和出版商都已尽可能确保本书技术上的准确性以及合理性，且并不特别推崇任何治疗方法、方案、建议或本书中的其他信息，并特别声明，不会承担由于使用本出版物中的材料而遭受的任何损伤所直接或间接产生的与个人或团体相关的一切责任、损失或风险。

内 容 提 要

　　本书是专为老年人编写的拉伸练习指导书。本书共 5 章。第 1 章介绍了柔韧性相关的基础知识；第 2 章介绍了柔韧性评估方面的内容；第 3 章讲解了拉伸的种类；第 4 章以真人示范、分步骤图解的方式，讲解了身体不同部位的拉伸动作；第 5 章提供了数套拉伸练习计划。本书适合老年人阅读，可以帮助老年人通过柔韧性练习缓解身体不适，促进健康。

◆ 编　　著　陈秀娟
　　责任编辑　刘日红
　　责任印制　彭志环

◆ 人民邮电出版社出版发行　　北京市丰台区成寿寺路 11 号
　　邮编　100164　　电子邮件　315@ptpress.com.cn
　　网址　https://www.ptpress.com.cn
　　涿州市京南印刷厂印刷

◆ 开本：880×1230　1/32
　　印张：4.5　　　　　　　　　2024 年 5 月第 1 版
　　字数：113 千字　　　　　　2024 年 5 月河北第 1 次印刷

定价：39.80 元

读者服务热线：**(010)81055296** 印装质量热线：**(010)81055316**
反盗版热线：**(010)81055315**
广告经营许可证：京东市监广登字 20170147 号

陈秀娟

　　体育教育训练学硕士，体育社会学博士，曾任大学体育教师，现为北京市体育科学研究所群众体育研究室副研究员；运动管理师专家组专家、北京市体育生活化体质促进项目专家组专家，国家和北京市体质监测专家组专家，国家体育总局运动功能评估和综合干预重点实验室成员；多年来一直从事体质健康促进方面的研究，深度参与 10 余项国家级、省级、市级及研究所级专项课题，发表论文 20 余篇，获评"北京市科学技术普及工作先进个人"。

　　温馨提示：因老年人的身体情况差异较大，因此练习的次数依据每位老年人的身体情况而定，量力而行，以不感觉身体疲劳为宜。

本书视频获取方法

第1步

● 点击微信聊天界面右上角的"+"，再点击弹出的功能菜单上的"扫一扫"进入功能界面。

第2步

● 扫描动作练习页面上的二维码。

● 长按"人邮体育"微信公众号二维码,然后关注此公众号。

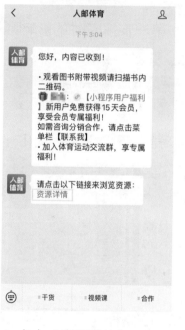

● 点击"资源详情",即可进入动作视频观看页面。

目 录
Contents

第 1 章
什么决定了您的柔韧性 001

002 第一节 柔韧性的影响因素

002 01 柔韧性是什么

004 02 什么决定身体的柔韧性

008 03 影响柔韧性的其他因素

010 第二节 柔韧性的变化

010 01 柔韧性随年龄变化的趋势

011 02 柔韧性下降的原因

012 第三节 柔韧性需要锻炼

012 01 柔韧性锻炼的生理基础

013 02 柔韧性锻炼带来的益处

014 03 柔韧性锻炼的原则

第 2 章
您的身体是否需要拉伸 017

018 第一节 关节评估

018 01 什么是关节

019 02 关节的分类

021 03 关节的评估

025 第二节 上肢评估及标准

025 01 上肢柔韧性的评估方法

026 02 测试注意事项

027 03 上肢柔韧性参考标准

028　第三节 下肢评估及标准

028　01 下肢柔韧性评估方法

029　02 下肢柔韧性参考标准

030　第四节 柔韧性整体评估及参考标准

030　01 柔韧性整体评估方法

031　02 坐位体前屈评估参考

032　03 70 岁及以上老年人的全身柔韧性评估方法及参考标准

第 **3** 章

哪种拉伸适合您　033

034　第一节 静态拉伸

034　01 什么是静态拉伸

035　02 静态拉伸的时机

036　第二节 动态拉伸

036　01 什么是动态拉伸

037　02 动态拉伸的时机和原则

038　第三节 本体感神经肌肉易化法拉伸

038　01 什么是本体感神经肌肉易化法拉伸

040　02 本体感神经肌肉易化法拉伸的方法

042　03 易化拉伸的时机

043　第四节 弹振拉伸

043　什么是弹振拉伸

044　第五节 如何选择拉伸方式

044　01 4 种拉伸方式的总结

045　02 4 种拉伸方式的特点及注意事项

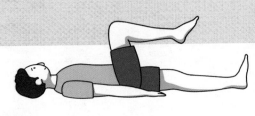

第 **4** 章

身体不同部位的拉伸动作 047

048　**第一节　颈、肩、上肢拉伸动作**

048　01　下颌触胸
050　02　四向点头
052　03　跪式推肩
054　04　直臂前伸旋拧
056　05　直臂后伸旋拧
058　06　手腕屈伸
060　07　手指弹琴
062　08　太极起式

064　**第二节　躯干拉伸动作**

064　01　跪姿转体
066　02　猫式伸展
068　03　站立转体
070　04　仰卧倒膝
072　05　对角伸展
074　06　麻花拉伸
076　07　蚱蜢拉伸
078　08　立膝转体

080　**第三节　下肢拉伸动作**

080　01　4 字伸展
082　02　弓步压髋
084　03　梨状肌拉伸
086　04　仰卧开腿
088　05　侧卧屈膝拉踝
090　06　站立压腿
092　07　仰卧举腿
094　08　悬脚踩跟
096　09　并腿跪坐
098　10　足踝绕环
100　11　助力转踝

102　**第四节　全身拉伸动作**

102　01　下犬式
104　02　婴儿式
106　03　反向三角式

第 **5** 章

制订拉伸计划 109

110 **第一节 如何做到有效拉伸**

110 01 有效拉伸的练习频率
111 02 有效拉伸的强度和时间
112 03 有效拉伸的时机

113 **第二节 缓解颈肩不适的拉伸**

113 01 颈肩不适的原因
114 02 缓解颈肩不适的拉伸计划

116 **第三节 缓解下腰背不适的拉伸**

116 01 下腰背不适的原因
117 02 缓解下腰背不适的拉伸计划

119 **第四节 缓解膝关节不适的拉伸**

119 01 膝关节不适的原因
120 02 缓解膝关节不适的拉伸计划

122 **第五节 跑步、走路之后的拉伸**

122 01 跑步、走路使用的肌肉
124 02 跑步、走路后的拉伸计划

126 **第六节 预防体态老化的拉伸**

126 01 体态老化的表现
127 02 预防体态老化的拉伸计划

130 **第七节 全身整体拉伸**

130 01 全身肌肉僵硬紧张的原因
131 02 全身整体拉伸计划

第 1 章

什么决定了您的柔韧性

　　本书将首先介绍什么是柔韧性，柔韧性的影响因素、变化，以及进行柔韧性锻炼的重要性。通过深入了解这些内容，老年人可以更好地理解柔韧性的本质，把握柔韧性锻炼的原则。

柔韧性的影响因素
柔韧性是什么

柔韧性的定义

柔韧性是指关节在正常活动范围内畅通无阻地做全幅度活动的能力。理想状态下，身体的软组织应该具备正常的延展性，能够实现全范围的关节活动度，并能够在所有功能性动作中表现出最佳的神经肌肉效率。

软组织是指人体内那些柔软、具有弹性的组织，包括肌肉、肌腱、韧带、关节囊、皮肤、血管和神经等，它们在身体的运动、支撑、保护和感知等方面发挥着重要的作用。

肌肉是软组织中最常见的一种，它们负责身体的运动。肌肉可以收缩和放松，通过与骨骼相连的肌腱使身体的各个部位移动。肌肉通过神经系统的控制来实现协调运动。

功能性动作旨在改善身体的整体功能，让身体各个部位协调工作，以完成日常生活中的复杂动作。功能性动作通常涉及多个关节和肌肉群的协同运动，而不仅仅专注于某个特定部位的锻炼。进行功能性锻炼对于老年人来说至关重要，它能够帮助老年朋友在日常生活中更轻松地完成各种活动，例如提重物、爬楼梯和躲避障碍物等。

神经肌肉效率是指神经系统与肌肉之间的协调和效率程度。简单来说，它描述了我们的神经系统如何有效地发送信号给肌肉，以便我们能够做出协调的动作。

神经肌肉效率高的人，他们的神经系统与肌肉之间的通信更加顺畅高效。这意味着信号传递速度更快、更准确，并且肌肉能够更有效地执行指令。结果是，他们的动作更协调、更精确。

柔韧性的好坏

柔韧性的好坏直接影响人们在运动时的身体表现和日常生活。缺乏适当的柔韧性，人体就会变得僵硬，进一步引发其他问题。

柔韧性的程度

下图是三类柔韧性程度不同的物品。健康的身体应像弹簧一样，能屈能伸且有力量。

绳子柔软但没有韧性

弹簧能屈能伸且有力量

木棍太僵硬不能弯曲

柔韧性的影响因素

什么决定身体的柔韧性

结缔组织对柔韧性和肌肉骨骼系统非常重要，它包括连接肌肉和骨骼的肌腱、连接骨骼和骨骼的韧带以及包裹肌肉并使之分开的筋膜。筋膜、韧带、肌腱、肌肉、关节结构都会影响柔韧性。

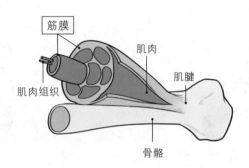

筋膜

肌肉

肌腱

肌肉组织

骨骼

筋膜

筋膜是结缔组织的一种，它包裹所有的器官，形成身体的结构，为身体提供支撑，是独立的器官和贯穿全身的系统。人体就是一张由筋膜构成的筋膜网，其他的组织、器官、系统等被筋膜包绕，身体的任何微小的活动都会牵拉到筋膜。筋膜具有收缩和舒张的能力，它包含所有的感觉器官，受神经支配，具有执行能力。筋膜损伤是构成身体疼痛的原因。

现代研究认为，绝大多数的损伤不是肌肉问题，而是筋膜问题。例如，肩周炎被认为是筋膜的损伤。筋膜具有可训练性，随着训练，其弹性变大，筋膜之间的滑动变得更加容易。

韧带

韧带是致密的结缔组织，韧带的功能是向整个关节活动范围内的关节结构提供支持，尤其是关节活动范围达到最大限度时，韧带会被拉扯到，从而提供主要阻力。韧带含有胶原蛋白和弹性纤维，具有弹性，但如果被反复过度地拉伸，就会失去恢复到正常长度以及稳定关

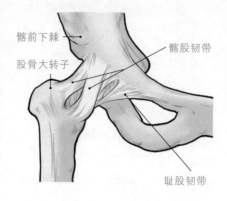

节的能力，造成关节松弛，并为关节损伤埋下隐患。因此，韧带不能被过度拉伸。平时说的拉筋，并不是拉韧带。

肌腱

肌腱具有一定的弹性，在拉伸时储存能量，在回弹时释放能量。但是一旦肌腱被完全拉紧，就不能继续被拉伸了。因此，拉伸时应避免过度拉伸肌腱。

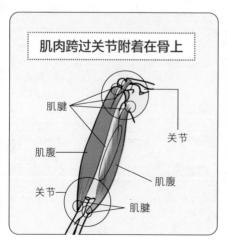

肌肉跨过关节附着在骨上

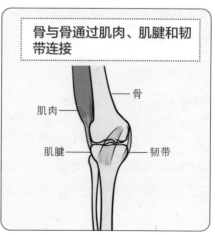

骨与骨通过肌肉、肌腱和韧带连接

肌肉

肌肉具有拉长和缩短的能力，能引起身体的收缩活动。当力量传输到肌肉、肌腱时，它们就拉动骨头进行运动。骨骼肌通过肌腱与骨骼相连，起到移动或者稳定骨骼的作用。骨骼肌也叫随意肌，在意识控制下可以随意运动。肌肉之间有相互作用，按照功能可以分为原动肌、拮抗肌及协同肌。原动肌是关节做特定运动时起主要作用的肌肉。拮抗肌是与原动肌作用和运动方向完全相反的肌肉。协同肌稳定关节，协助原动肌在正确的运动平面内完成所需要的运动。肌肉具有较大的收缩性和延展性，是拉伸的主要目标之一。

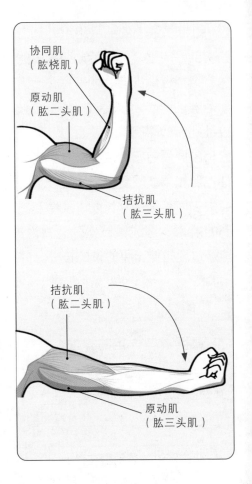

协同肌
（肱桡肌）

原动肌
（肱二头肌）

拮抗肌
（肱三头肌）

拮抗肌
（肱二头肌）

原动肌
（肱三头肌）

关节结构

关节结构影响关节的活动范围和方向。球窝关节的活动方向较多，如髋可以内收、外展、屈、伸、内旋和外旋等。韧带、肌腱和肌肉的长度影响每一个关节的活动范围。

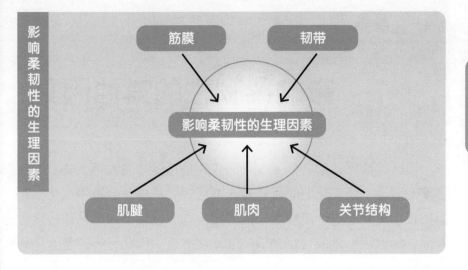

影响柔韧性的生理因素

筋膜　韧带

影响柔韧性的生理因素

肌腱　肌肉　关节结构

影响柔韧性的百分比

在影响柔韧性的因素中，占第一的是关节囊及韧带，占47%；肌肉和筋膜位列第二，占41%；肌腱位列第三，占10%；皮肤位列第四，占2%。

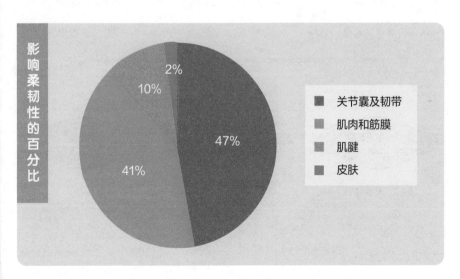

影响柔韧性的百分比

2%
10%
47%
41%

关节囊及韧带
肌肉和筋膜
肌腱
皮肤

柔韧性的影响因素
影响柔韧性的其他因素

第一，缺乏运动。久坐少动的人、缺乏运动的人等，关节没有适度的活动，肌肉长时间保持拉长或缩短，身体就会发生变化。当肌肉在缩短状态时，肌纤维长度变短，同时结缔组织的粘连程度会升高，导致组织延展性和关节的活动度降低。因此，一定要避免久坐不动。

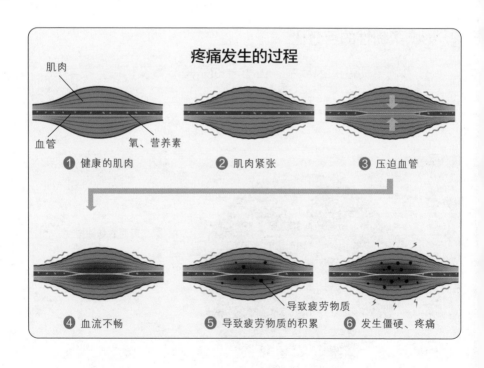

疼痛发生的过程

肌肉

血管　氧、营养素

❶ 健康的肌肉　　❷ 肌肉紧张　　❸ 压迫血管

导致疲劳物质

❹ 血流不畅　　❺ 导致疲劳物质的积累　　❻ 发生僵硬、疼痛

第二，经常重复某个动作。这样容易造成局部肌肉紧张，导致关节附近的肌肉不平衡，影响关节的活动度。

第三，身体温度。体温上升可以降低肌肉及关节囊的黏滞性，同时增加它们的延展性。

第四，性别。与男性相比，女性的骨架小、肌肉纤细，因而，女性的柔韧性一般比同龄男性好。

第五，身体的肥胖程度。关节周围脂肪过多会影响邻近关节的活动幅度，使柔韧性降低。

第六，旧伤。肌肉和结缔组织受伤，形成疤痕组织，会影响肌肉等软组织的伸展性。

第七，基因。柔韧性受遗传因素的影响。

第八，年龄。一般来说，年轻者较年长者的柔韧性好。

正常的肌肉

久坐不动

肿胀　　疼痛　　功能障碍

柔韧性的变化
柔韧性随年龄变化的趋势

　　柔韧性是随着年龄的增长而退化的。人刚出生时的身体是很柔软的。幼儿能够很轻松地用嘴碰到脚丫，而当年老时，用手系鞋带成了一个不小的挑战。一般来说，在人的生命周期中，13～19岁改善身体的柔韧性是很有效的，19岁之后身体的柔韧性退化则比较明显。

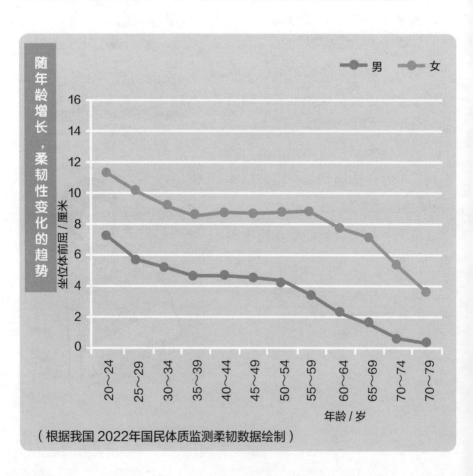

（根据我国2022年国民体质监测柔韧数据绘制）

柔韧性的变化
柔韧性下降的原因

　　随着年龄增长，人的柔韧性会逐渐降低。衰老造成的身体变化对柔韧性的影响包括肌肉萎缩和神经萎缩等。

肌肉萎缩和神经萎缩

　　肌肉萎缩和肌少症导致的肌肉蛋白流失是影响柔韧性的主要因素。肌肉萎缩是指肌纤维尺寸变小，而肌少症是指肌纤维数量减少。肌纤维尺寸变小和数量减少，通常会伴随纤维状的含脂肪的结缔组织替代肌纤维的过程。

　　神经萎缩和神经细胞减少是老年人运动控制能力普遍下降的原因，神经萎缩程度因人而异。神经细胞和肌肉细胞的减少会导致神经肌肉效率降低，进一步限制身体的灵活性。

　　身体活动水平的降低和运动量的减少是身体柔韧性降低、肌肉和神经萎缩的主要原因。

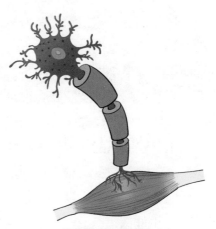

正常的肌肉和神经

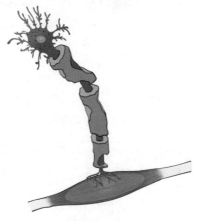

萎缩的肌肉和神经

柔韧性需要锻炼
柔韧性锻炼的生理基础

为了对抗肌肉萎缩和衰老或损伤等产生的其他身体变化，老年人必须采用运动的方式来提高身体的柔韧性，因此应该把柔韧性作为日常锻炼的内容。

运动链上的软组织具有弹性极限。弹性极限是指组织产生永久变形所需的最小拉力值。当拉力值低于弹性极限，软组织就会恢复到初始长度，体现其黏弹性。如果拉力超出了软组织的弹性极限，软组织会产生永久性变形，无法恢复初始长度。

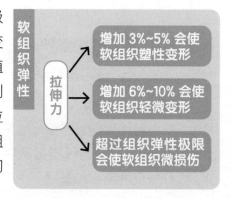

软组织弹性 —— 拉伸力

增加 3%~5% 会使软组织塑性变形

增加 6%~10% 会使软组织轻微变形

超过组织弹性极限会使软组织微损伤

在拉伸以锻炼柔韧性时，拉伸力（或者称拉伸强度）要恰当。拉伸力增加3%～5%会引起软组织的塑性变形；拉伸力增加6%～10%，软组织变形会伴随组织负荷过大甚至发生轻微变形；当拉伸力超过了软组织的自适应潜力——弹性极限时，软组织就会发生微损伤，这种微损伤会导致累积性的损伤循环。损伤循环会促成炎性化合物的释放，这种物质会刺激疼痛感受器，引起疼痛，并形成保护性的肌肉痉挛。这些化学变化还会在结缔组织损伤后3~5天的时间内导致软组织中形成纤维粘连。这些纤维粘连会在结缔组织中形成薄弱的无弹性机制，降低正常的组织延展性，进而引起正常的长度-张力关系发生改变，并导致常见的肌肉失衡。

因此，柔韧性练习的拉伸力要适当，老年人需要科学地进行锻炼。

柔韧性需要锻炼

柔韧性锻炼带来的益处

1. 增强运动能力

柔韧性好的关节可以较小的力量达到较大的活动范围。

2. 减少受伤的机会

适当地增加关节活动范围，可以减少因过度伸展而产生的创伤。

3. 增加关节中血液及养分的供应

关节活动可促进血液及养分进入关节。

4. 延缓关节及软骨组织退化

通过关节囊的滑液输送养分，保护关节，延缓关节及软骨组织退化。

5. 增加神经肌肉协调性

提高肌肉细胞对神经冲动的反应速度，使个体对刺激的反应增快。

6. 减少肌肉僵硬

经过适当的伸展练习，可以减少运动后产生的肌肉僵硬。

7. 平衡肌肉及改善体形

柔韧性锻炼可令软组织结构重新排列，改善不良坐姿、站姿、走姿。

8. 减少腰背痛的问题

经常进行腰背部柔韧性锻炼，可强化腰背部肌肉，减少腰椎间盘的压力。

柔韧性锻炼会带来哪些益处呢？

9. 减轻身体压力

伸展会让肌肉放松，可把健康的养分带进肌肉，同时把代谢废物运走，减轻身体压力。

10. 增加生活乐趣

柔韧性锻炼可增加生活乐趣，运动可增加个人的满足感。

柔韧性需要锻炼
柔韧性锻炼的原则

拉伸时保持顺畅呼吸

在保持拉伸姿势时，不要憋气，要保持自然呼吸，才能获得更好的拉伸效果。在呼吸时，要有意识地缓慢吐气，刺激副交感神经，使呼吸自然而深沉，人体处于放松的状态，有利于拉伸。

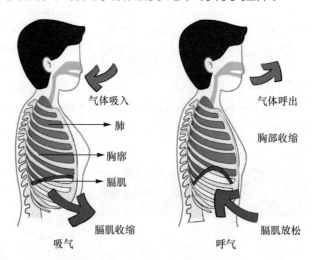

气体吸入

肺

胸廓

膈肌

膈肌收缩

吸气

气体呼出

胸部收缩

膈肌放松

呼气

达到足够的拉伸强度

拉伸锻炼如果不能产生有效的刺激，就不会达到理想的效果，可见拉伸也需要达到一定的强度。拉伸强度要足够才可以有效地刺激肌肉，但是如果拉伸强度过大则会拉伤肌肉。因此，肌肉拉伸要达到合适的状态，即有牵拉感，微微有点儿疼即可。没有牵拉感或者感到剧痛都不是理想的状态。

保持足够的拉伸时间

　　肌肉在保持牵拉感的状态下保持30秒才能够得到放松、得到伸展。针对一个部位的拉伸，达到60秒即可有较好的效果。

优先拉伸紧张部位

　　拉伸时，优先拉伸紧张部位，促进身体的协调。查看身体左右侧、前后侧紧张度是否一致，哪侧相对紧张就首先拉伸哪侧。肌张力平衡了，身体就会协调，不容易受伤或者出现疼痛。

达到一定的练习频率

　　拉伸可以每天进行，也可以隔天进行。每周3～4天有规律地拉伸至少10分钟，就可以提高身体的柔韧性。拉伸一个月后就会明显感受到身体的柔韧性提高，身体变得柔软。拉伸不需要特别的场地、器材，容易坚持。要想年龄增长，身体却不僵硬，应长期坚持拉伸。

拉伸身体的主要部位

拉伸部位应包括肩带、胸部、颈部、腰部、臀部、大腿、脚踝等。

热身后拉伸的效果更好

热身后拉伸的效果更好。热身10～15分钟，让身体温度提高，可以为接下来的拉伸做好准备。运动后肌肉保持温度，这时对其进行拉伸可以帮助肌肉恢复到适宜的静息长度。肌肉在运动中重复收缩，即使运动已结束，它们仍然会保持收缩的趋势。可将运动后的拉伸纳入放松运动中，直至肌肉恢复到正常静息状态下的长度。

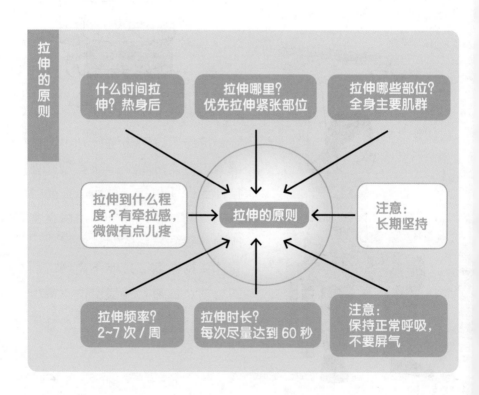

拉伸的原则

什么时间拉伸？热身后

拉伸哪里？优先拉伸紧张部位

拉伸哪些部位？全身主要肌群

拉伸到什么程度？有牵拉感，微微有点儿疼

拉伸的原则

注意：长期坚持

拉伸频率？2~7次/周

拉伸时长？每次尽量达到60秒

注意：保持正常呼吸，不要屏气

第 2 章

您的身体是否
需要拉伸

本章涵盖了针对老年朋友的关节评估、上肢评估、下肢评估和柔韧性整体评估方法和标准。通过阅读这些内容，读者可以了解自己身体的柔韧性状况，更有针对性地进行拉伸锻炼。

关节评估
什么是关节

骨与骨之间的连接部分叫作关节。关节是由肌腱和韧带连接两块及以上的骨或者是肌肉通过肌腱附着在两侧的骨上而形成的。骨与骨通过肌肉、肌腱和韧带连接。关节可以完成屈曲、伸展和环转等动作。

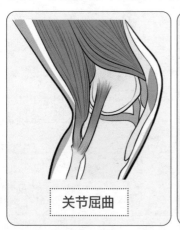

关节屈曲

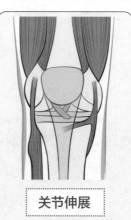

关节伸展

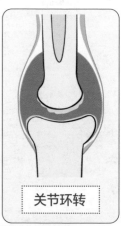

关节环转

关节腔

关节连接处的骨关节面被关节软骨覆盖，关节软骨是表面光滑且有弹性的结构。关节软骨和关节囊滑膜层共同围成关节腔。

关节腔内部充满了滑液，滑液就如同汽车的润滑油，使关节活动更顺畅。

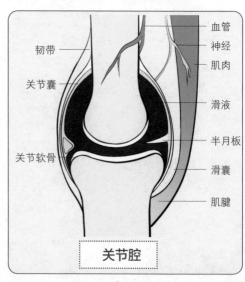

韧带

关节囊

关节软骨

血管
神经
肌肉
滑液
半月板
滑囊
肌腱

关节腔

关节评估
关节的分类

关节面形态不同，关节运动轴的数量和运动方向也不同。关节按关节面的形状可以分为平面关节（即关节面是平面的关节），椭圆关节、滑车关节、鞍状关节、车轴关节和球窝关节（如髋关节）。关节的状态不同，活动的方向和幅度不同。

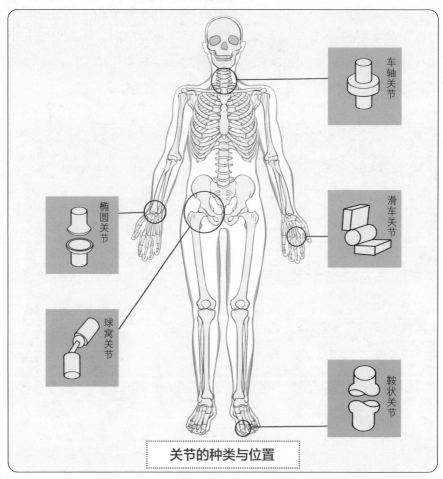

车轴关节

椭圆关节

滑车关节

球窝关节

鞍状关节

关节的种类与位置

关节的运动分类

关节的运动分为三类：滚动、滑动和转动。关节的运动很少是孤立的单关节运动，而更多的是变化和组合。滚动就如同自行车轮胎在路面的滚动，下蹲时膝关节处的股骨在胫骨上的运动就是滑动。一个关节面在另一个关节面上滑动，如同滑雪鞋在雪地上的滑动。转动是一个关节面围绕另一个关节面旋转，如前臂前旋转。前臂前旋转是前臂的两块骨头围绕着肱骨（上臂上的骨头）末端转动。

关节运动带动肢体或躯干伸展、屈曲、内收、外展、内旋、外旋、旋前、旋后等。在日常的各种动作中，几乎每个动作都是由两个及以上的关节运动组合而成的。关节运动不够充分时，会有其他运动来代偿。某个部位受伤有障碍时，会有其他关节来代偿，这种代偿可以说是很容易发生的，因为人体的各个关节都是相互联系的。

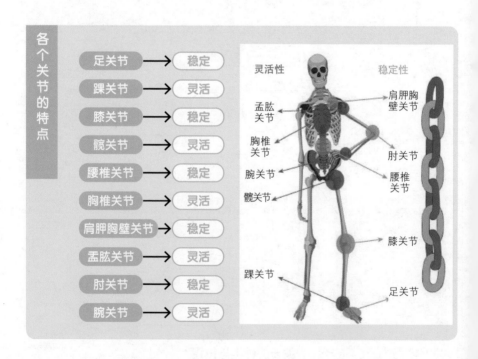

关节评估
关节的评估

关节的构造影响关节活动的方向。肌肉的柔韧性影响关节活动度，如肌肉僵硬会导致关节活动度降低。

人体各种关节结构不同，各自标准的活动度也不同。膝关节是一个单方向关节，而肩关节、髋关节是多方向关节。单方向关节只有一个维度的变化，如膝关节只能屈和伸。关节靠自己的力量、活动范围和借助外力体现活动度。关节疲劳、损伤等，活动度就会受限。

拉伸动作

膝关节伸展
身体坐于椅子上，一侧腿屈膝，小腿垂直于地面，另一侧腿伸膝向上抬起。

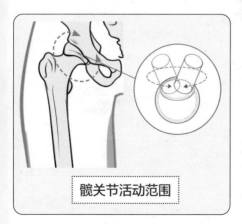

髋关节活动范围

关节活动度

进行屈伸运动或者做扭转身体的动作时，相应关节最大限度的活动范围称作活动度。

关节活动度是指关节在运动方向上最大的运动范围。对称关节的活动度有差别，如左侧和右侧膝关节、左侧和右侧肩关节、左侧和右侧髋关节往往存在差异，甚至会有明显的不对称（左右表现不同，一侧的关节活动度大，而另一侧的关节活动度小）。

相邻的关节会相互影响。与邻近关节相比，如果某个关节的活动度较小，负担会集中到活动度大的关节上。这就使得活动度大的关节容易损伤，因此要引起注意。例如，如果一个人的髋关节活动度小，会影响与它相邻的腰椎或者膝关节，或者两者都会受到影响，导致腰肌劳损或者膝关节疼痛等问题。因此，将关节的活动度保持在正常范围内是很重要的。关节活动度是身体活动和灵活性的基础，对老年人预防跌倒非常重要。

肩关节的运动与活动度

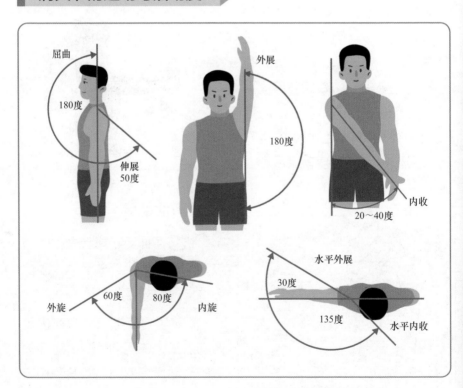

肘关节的运动与活动度

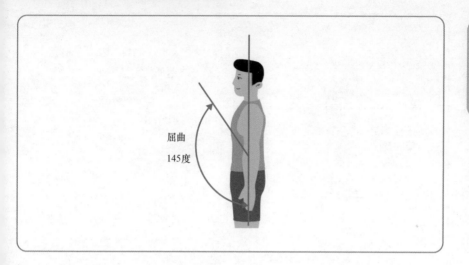

屈曲
145度

髋关节的运动与活动度

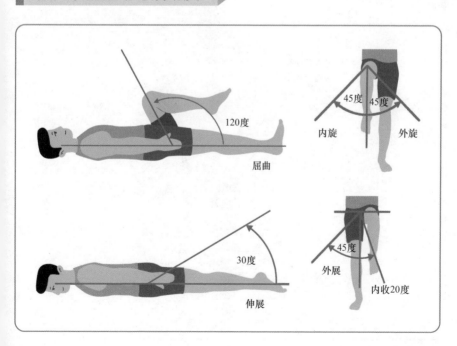

120度

屈曲

45度 45度

内旋 外旋

30度

伸展

45度

外展

内收20度

踝关节的运动与活动度

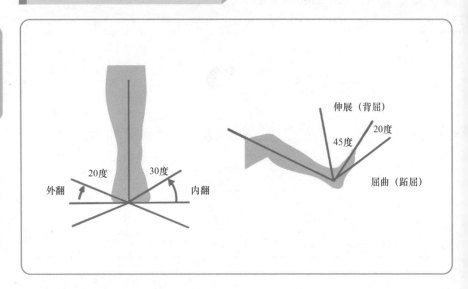

躯干的运动与活动度

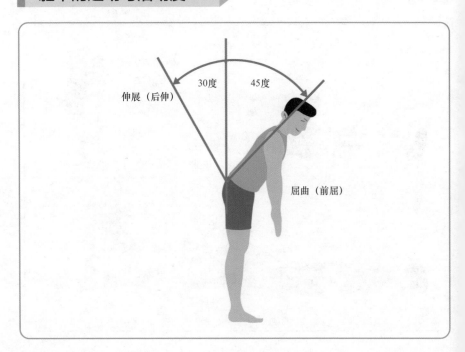

上肢评估及标准
上肢柔韧性的评估方法

第一，站立，一只手经肩上向背部触碰，一只手经腋下向上背部触碰另一只手，双只手都尽量碰触后背中部，中指尽量触碰或者有触碰的趋势。

第二，测量两只手中指之间的距离。

第三，若两只手未碰触，记负值（－）。重复测量3次，将最好的成绩确定为最终成绩。

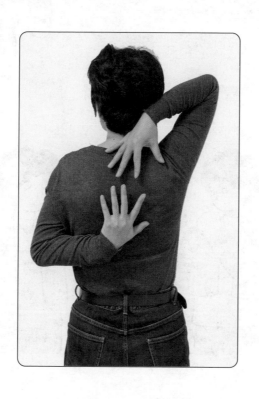

上肢评估及标准
测试注意事项

如果在动作过程中感到疼痛，要立即停止动作。颈部或肩部有伤病（如肩周炎、肩袖损伤、神经痛）的人不要做这个测试。

测试工具：40厘米长的直尺。

可以锻炼这个动作一段时间后，再进行测试，看看柔韧性是否提高；也可以将这个动作作为日常练习的内容。

肩周炎

肩袖损伤

神经痛

上肢评估及标准
上肢柔韧性参考标准

第一，69岁以下的人背抓的参考标准。

如果两只手的中指轻微碰触，或者两只手的中指之间的距离不超过10厘米，上肢的柔韧性就是良好的；如果两只手的中指之间的距离超过10厘米，则上肢的柔韧性需要提高。如果左侧和右侧上肢的成绩相差4厘米，则需要考虑左右不对称的状况，加强弱侧上肢的柔韧性练习。

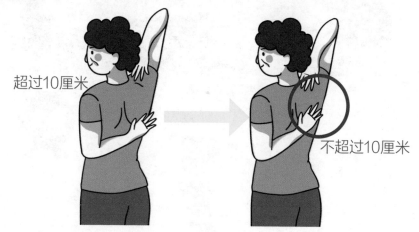

超过10厘米

不超过10厘米

第二，70岁以上老年人背抓参考标准。

项目	性别	70~74 岁	75~79 岁	80~84 岁
背抓（厘米 +/-）	女	-10 ~ +2.5	-12.5 ~ +1	-14 ~ 0.0
	男	-20 ~ -4.0	-23 ~ -5.0	-24 ~ -5.0

下肢评估及标准

下肢柔韧性评估方法

第一，仰卧，双腿伸直，双手放于身体两侧。

第二，膝关节伸直状态下，慢慢抬腿向胸部靠近，观察髋关节屈曲的角度。

合格！

90度

180度

0度

第2章

第三节

02

下肢评估及标准

下肢柔韧性参考标准

第2章

您的身体是否需要拉伸

如果髋关节屈曲达到90度，则下肢的柔韧性是理想的；如果髋关节屈曲小于90度，就要对腘绳肌以及大腿后群的肌肉进行拉伸。

柔韧性整体评估及参考标准

柔韧性整体评估方法

坐位体前屈是测试人在静止状态下的腰部、髋部等关节的活动幅度，它反映这些关节、韧带和肌肉的伸展性和弹性，是评价身体整体柔韧性，尤其是身体后侧的延展性和灵活性的动作。

坐位体前屈是我国成年人体质测试标准中的一项指标，有专门的仪器。很多社区有这种体育器材，测试很方便。

测试方法：

第一，在测试前，做好准备活动，防止拉伤；

第二，测试时，坐在平坦的地面或垫子上，两腿伸直，不可弯曲膝关节，脚跟并拢，两只脚的脚尖分开约15厘米。踩在测量器械的垂直板上，双手并拢往前推。

双腿全程伸直，膝盖不要弯曲。

坐位体前屈评估参考

◉ 30 ~ 69 岁成年人坐位体前屈评价合格标准对照表（厘米）

年龄 / 岁	男性	女性
30 ~ 34	6.5 ~ 11.9	8.0 ~ 13.3
35 ~ 39	5.0 ~ 10.7	7.4 ~ 12.9
40 ~ 44	4.0 ~ 9.9	6.6 ~ 11.9
45 ~ 49	3.3 ~ 9.1	6.2 ~ 11.8
50 ~ 54	2.2 ~ 7.9	6.0 ~ 11.4
55 ~ 59	1.8 ~ 7.2	5.8 ~ 11.1
60 ~ 64	1.0 ~ 6.7	5.3 ~ 11.3
65 ~ 69	−1.5 ~ 4.6	4.1 ~ 10.0

备注：数据源自中国成年人柔韧性标准。如果数值大于以上标准的最大值，则柔韧性良好；如果数值小于以上标准的最小值，则柔韧性不合格，需要加强锻炼。

柔韧性整体评估及参考标准

70 岁及以上老年人的全身柔韧性评估方法及参考标准

测试工具：约40厘米高的椅子、40厘米长的直尺。

测试方法：

第一，坐在椅子上，一条腿踩地，一条腿伸直，伸直的腿勾脚尖；

第二，呼气，身体前屈，双手重叠，尽量往脚尖方向伸；

第三，测量中指指尖到脚尖的距离；

第四，若中指指尖未碰触脚尖，记为负数（-）。

> 患有骨质疏松、具有膝（髋）关节置换手术历史以及前伸疼痛的人不要测试。

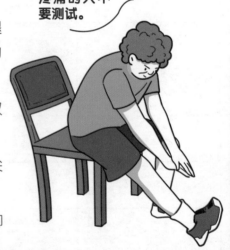

老年人椅子碰脚测试结果评价对照表（厘米 +/-）

性别	70～74岁	75～79岁	80～84岁
女性	-10～+2.5	-12.5～+0.2	-14～0.0
男性	-20～-2.5	-22.5～-5.0	-24～-5.0

备注：数值为负值，说明中指没有碰到脚尖，数值为正值，说明中指超过脚尖。

哪种拉伸适合您

　　拉伸是针对肌肉、筋膜等结缔组织的一类锻炼，也是与有氧运动、力量锻炼并行的第三类锻炼，属于日常锻炼中不可缺少的内容，对老年人来说更是如此。按照锻炼方式的不同，拉伸分为静态拉伸、动态拉伸、本体感神经肌肉易化法拉伸和弹振拉伸四类。本章将帮助老年朋友了解如何选择适合自己的拉伸方式。

静态拉伸
什么是静态拉伸

静态拉伸是指被动拉伸某一块肌肉或者某一组肌肉，直至感觉到张力增加或者轻微的不适，然后保持这个姿势至少10秒，尽可能坚持60秒。静态拉伸可以使肌肉、筋膜、韧带、肌腱逐渐拉长。

静态拉伸的特点

静态拉伸是很常用的拉伸方式。它结合了低强度的拉力和较长的持续时间两个因素，可以高效地扩大关节的活动范围，提高身体的柔韧性，消除肌肉的疲劳。静态拉伸有利于纠正肌肉不平衡和拉长紧张的肌肉。每天做静态拉伸，会提高肌肉的柔韧性。老年人、体弱的人都可以进行静态拉伸。

静态拉伸会减弱神经正常激活肌肉的能力。结缔组织的拉长和肌肉的拉长会导致肌肉张力短暂丧失，加上肌肉兴奋性的降低，肌肉性能会短暂减弱。

正常的肌肉

拉伸时的肌肉

胸大肌

第3章

第一节 02

静态拉伸
静态拉伸的时机

第一，由于静态拉伸会减弱肌肉兴奋性及肌肉性能，因此，应在主要运动完成后进行静态拉伸。例如在跑步后进行静态拉伸，或者在力量锻炼后进行静态拉伸。

第二，如果将静态拉伸作为锻炼的主要部分，不管什么时间都可以进行。

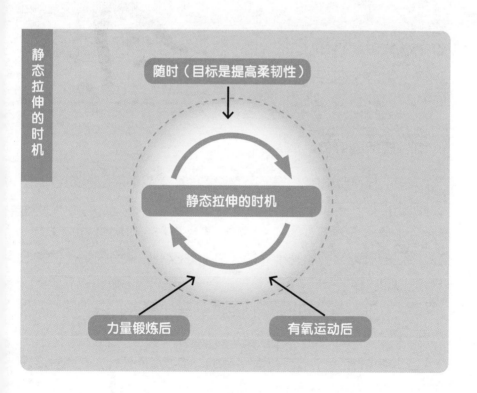

静态拉伸的时机

随时（目标是提高柔韧性）

静态拉伸的时机

力量锻炼后　　有氧运动后

动态拉伸

什么是动态拉伸

动态拉伸是比静态拉伸更加复杂的拉伸方式，它是利用体育运动中的特定动作，通过大幅度活动关节，反复让肌肉伸长和缩短的拉伸方法。其一般采用摆动、跳跃或者其他幅度较大的动作，使四肢达到或略微超过正常承受力的运动范围。

拉伸动作

动态侧抬腿
一侧手扶椅背，另一侧手叉腰。躯干挺直，靠近椅背的腿为支撑腿，另一侧腿向外伸展至最大幅度。

动态拉伸的好处

第一，保持肌肉的兴奋性。动态拉伸的时间很短（最多3秒），因此肌肉能够在不降低兴奋性的状态下被拉长。第二，动态拉伸还能激活本体感受器。本体感受器的适当兴奋加上肌肉张力的维持，使被激活的肌肉细胞的神经元能够更快地放电，从而使肌肉更快地进行有力的收缩。第三，动态拉伸由于增加了肌肉温度和激活了本体感受器，增加了在运动中使用部位的柔软度，有利于更好地发挥运动能力。

做动态拉伸时，注意不要屏住呼吸，不要借助惯性。在感觉良好的位置停住，在放松状态下身体升温后进行练习效果较佳。

动态拉伸
动态拉伸的时机和原则

动态拉伸的时机

第一，在动态活动前做动态拉伸，如走路、跑步、跳跃、打球等主要活动前，进行动态拉伸，可以增强肌肉柔韧性，有利于更好地进行运动。第二，以动态活动为主要目标的练习，随时都可以进行动态拉伸。第三，早晨起床后进行动态拉伸，可以放松肌肉，促进血液循环。

动态拉伸的原则

第一，在热身中，动态拉伸应持续10~15分钟，或者每次拉伸重复10~20次。第二，感受身体的初始位置，确保每一次的拉伸都从相同的初始位置开始。第三，动态拉伸的运动范围，只要稍微超出准备活动的运动范围即可，拉伸幅度不需要太大。第四，使用正确的运动技术来模仿在接下来运动中使用肌肉的方式。例如，跑步前，可以通过动态抱膝往胸部抬高大腿。第五，从缓慢的运动开始，并渐进地增加动作范围和运动幅度，例如，肩部的绕环等动作。

拉伸动作

动态抱膝
身体直立站好，一侧腿屈膝向上抬起，双手抱膝向上提拉，另一侧腿支撑身体。

第三节
01

本体感神经肌肉易化法拉伸

什么是本体感神经肌肉易化法拉伸

本体感神经肌肉易化法拉伸又称易化拉伸，英文缩写为PNF拉伸，是来自国外的一项拉伸运动技术。易化拉伸是神经肌肉系统的康复项目之一，可以缓解肌肉紧张、肌肉活动增加所造成的负面影响，对提升肌肉柔软度非常有效，是一种物理治疗技术。其通过目标肌肉收缩来激活本体感受器，改善神经肌肉的功能，以促进、抑制、加强和放松肌群来提高功能运动水平。

拉伸动作

PNF 拉伸肩部肌群

双腿交叉，坐于地面，协助者握住双臂向后抬起。

什么是本体感受器

在肌肉、肌腱和关节内存在着一些感觉神经末梢装置（本体感受器），它们能够获取张力、压力等信息，并传递给中枢神经系统，让人能够感受到肌肉的牵拉感、肌肉的收缩程度和关节的伸展程度等，从而让身体调节骨骼肌的运动。

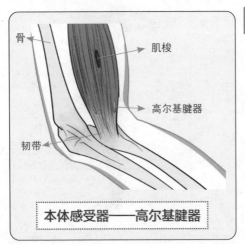

骨
肌梭
高尔基腱器
韧带

本体感受器——高尔基腱器

易化拉伸

与其他拉伸方式相比，易化拉伸能够更充分地结合本体感觉器。易化拉伸的主要做法是在整个关节的运动范围内或者在运动范围的极限处，利用主动运动和等长收缩（见下图）来改善身体的柔韧性。在完成整个范围的运动后，肌肉放松并休息，然后再次进行拉伸，在阻力下收缩并完全伸展，使肌肉得到更大限度地拉伸。易化拉伸以激活两种神经学效应为前提，即交互抑制和等长收缩后的放松，能在较短的时间内使肌肉拉伸到最大限度，保持增加的运动范围并增加肌肉力量。

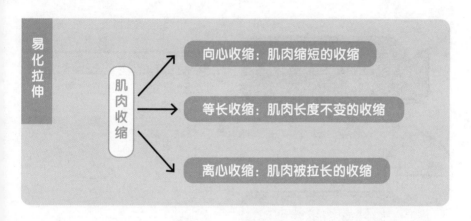

等长收缩：又称静力收缩，肌肉在收缩时长度不变而张力增加。

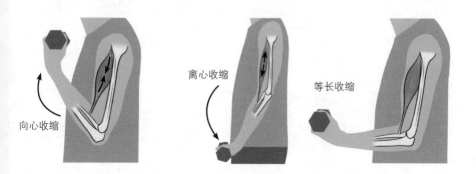

第三节

02

本体感神经肌肉易化法拉伸

本体感神经肌肉易化法拉伸的方法

易化拉伸的三个步骤如下。

第一步

拉伸者主动移动肢体

● 使目标肌肉的拉伸幅度达到最大。

第二步

协助者给拉伸者一个阻力

● 协助者给拉伸者一个阻力，拉伸者对抗阻力的同时等长收缩，保持对抗6秒。

第三步

拉伸者主动加大肢体拉伸幅度

● 加大肌肉的拉伸幅度，使肢体产生更大的活动范围。

举例说明易化拉伸。假设拉伸大腿后侧肌肉（腘绳肌）。第一，拉伸者仰卧在垫子上，一条腿直腿抬高向胸部方向移动到最大幅度，感到大腿后侧肌肉有牵拉感。第二，在此位置，搭档或者协助者提供一个与之相匹配的阻力，拉伸者等长收缩对抗阻力，保持6秒。第三，拉伸者放松，进一步抬高肢体，使大腿后侧肌肉的拉伸幅度增大。如此循环，到最大幅度即可。

拉伸动作

PNF 被动腘绳肌拉伸
身体呈仰卧姿势，双腿伸直自然放于地面，双臂伸直放在身体两侧。协助者将拉伸者一条腿竖直抬起，使其垂直于地面。协助者发力将拉伸者的腿压向躯干。

进行易化拉伸时，需要有熟悉拉伸的协助者、专业教练或物理治疗师在场，在其帮助下进行易化拉伸。易化拉伸是主动的。拉伸者可以通过这种技巧轻松地改善柔韧性，因此会乐意进行主动拉伸。通过易化拉伸，拉伸者可以学会为自己拉伸，更好地了解自己的身体，更好地控制身体。越来越多的人在使用这种新型的拉伸技术。

本体感神经肌肉易化法拉伸

易化拉伸的时机

要参加运动的人，适合在运动后进行易化拉伸。在运动前进行易化拉伸，运动能力会减弱。为了获得良好的运动效果，一般在运动后进行易化拉伸。将易化拉伸作为日常锻炼的人，什么时间进行都是合适的。当然，在热身后进行效果会更好。

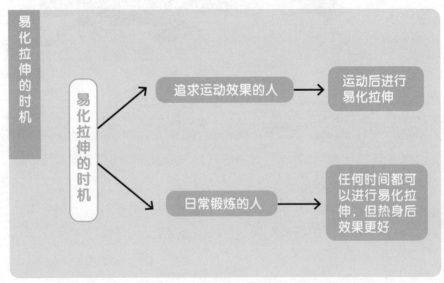

易化拉伸的时机

易化拉伸的时机 → 追求运动效果的人 → 运动后进行易化拉伸

易化拉伸的时机 → 日常锻炼的人 → 任何时间都可以进行易化拉伸，但热身后效果更好

弹振拉伸
什么是弹振拉伸

弹振拉伸是利用身体的重量或者每次振动所产生的动量来快速增加运动范围，使关节的运动范围超过正常的运动范围。其是利用振动而不需要保持拉伸动作的一种拉伸方式。

弹振拉伸的特点

该拉伸方式会激活肌肉的牵张反射，即牵拉肌肉时，引起肌梭内感觉神经末梢兴奋，进而引起运动神经元兴奋，导致被拉伸肌肉产生与牵拉方向相反的收缩。很多人认为，对于紧绷的肌肉，弹振拉伸有可能造成肌肉或肌腱损伤。

弹振拉伸的适用范围

这种拉伸仅限于准备进行剧烈运动的、身体素质较高的和有拉伸基础的运动者。没有拉伸经验、年龄较大以及肌肉比较紧绷的人，不建议使用弹振拉伸。

如何选择拉伸方式

4 种拉伸方式的总结

第一

静态拉伸

● 静态拉伸是简单的拉伸方式，几乎适合所有人。在掌握了具体肌肉的拉伸方法和注意事项后，就可以进行练习。

第二

动态拉伸

● 动态拉伸一般用在运动前或者单独使用，一般与即将进行的运动项目所需的动作技术相结合，使用者需要具备一定的训练基础。

第三

易化拉伸

● 易化拉伸需要拉伸者与协助者配合，通过主动用力完成拉伸。易化拉伸见效快，结合本体感觉器发挥作用。一般用于康复治疗和日常拉伸，也可在训练后进行。

第四

弹振拉伸

● 肌肉紧张或者年龄较大的人，不建议使用此拉伸方式。

如何选择拉伸方式
4 种拉伸方式的特点及注意事项

◉ **4 种拉伸方式的特点及注意事项**

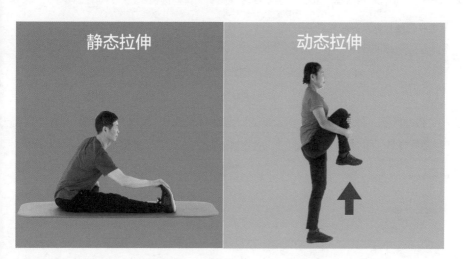

静态拉伸		动态拉伸
缓慢拉伸到终点停止不动，可进阶	练习方式	在关节活动范围内有控制地主动拉伸
10~30 秒	时间	3~5 秒
3~5 组，累计 1 分钟及以上	组数	1~3 组
肌肉放松	肌肉状态	肌肉主动用力
受伤后肌肉恢复	运动时机 / 适用人群	运动前，运动员适用
适合老年人，安全的拉伸方式	注意事项	早晨起床后，热身中或热身后进行

易化拉伸

弹振拉伸

	练习方式	
在关节范围内等长收缩—放松	练习方式	肌肉快速振动，对控制要求高
等长收缩 6 秒—放松 6 秒—被动拉伸	时间	15~60 秒
3~5 组	组数	1~3 组
肌肉放松—等长收缩对抗	肌肉状态	肌肉主动用力
伤后康复，运动员适用	运动时机 / 适用人群	运动员适用
需要协助，可以借助器械	注意事项	不适合老年人

第 4 章

身体不同部位的拉伸动作

　　无论进行哪种运动，拉伸都是必不可少的环节，它具有充分热身、放松肌肉、减轻疲劳、避免肌肉痉挛的效果。本章介绍针对全身不同部位的拉伸动作。

身体不同部位的拉伸动作

第一节 颈、肩、上肢拉伸动作

扫码看视频

颈、肩、上肢拉伸
01

锻炼益处

下颌触胸

缓解颈部后侧肌肉紧张，有助于消除颈后"富贵包"，改善头前引，改善颈椎周围不适。

均匀呼吸

目视前方

双脚分开
与肩同宽

1
站立，双脚分开与肩同宽，脚尖朝前，头部上顶，两臂下垂，放于身体两侧。

▶ 目标肌群

拉伸颈部后方肌群——斜方肌、头最长肌、头半棘肌、头夹肌、斜角肌。

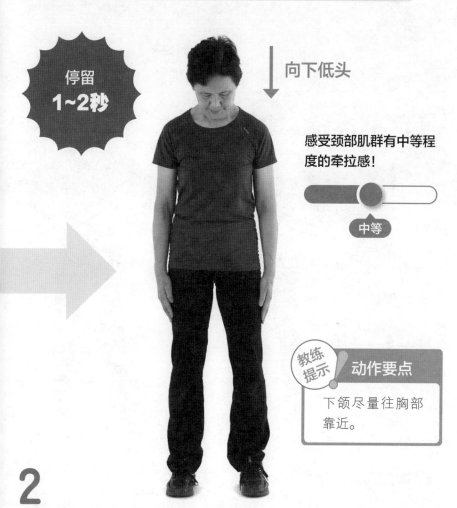

停留
1~2秒

向下低头

感受颈部肌群有中等程度的牵拉感！

中等

教练
提示
动作要点

下颌尽量往胸部靠近。

2

面朝前方，身体保持直立，缓慢低头，下颌尽力向胸部靠近，感受到颈部肌肉有牵拉感。慢慢抬头，回到初始姿势。重复以上步骤。

身体不同
部位的拉
伸动作

颈、肩、
上肢拉伸
02

四向点头

> 锻炼益处 全面缓解颈部肌肉紧张，放松颈部关节，改善颈后"富贵包"、头前引等不良姿态。

双脚分开
与肩同宽

向下低头

扫码看视频

1

站姿，躯干保持正直，双手叉腰。

2

缓慢向下低头，缓慢回到直立状态。

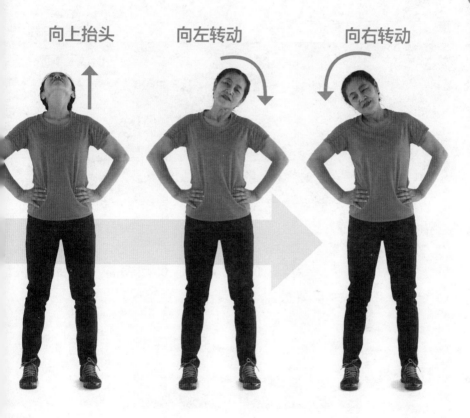

► **目标肌群**

全方位拉伸颈部肌群——斜方肌、胸锁乳突肌、枕下肌、夹肌、斜角肌。

向上抬头 **向左转动** **向右转动**

3
头部缓慢向后仰，缓慢回到直立状态。

4
头部缓慢向左转动，缓慢回到直立状态。

5
头部缓慢向右转动，缓慢回到直立状态。重复以上步骤。

身体不同
部位的拉
伸动作

颈、肩、
上肢拉伸
03

跪式推肩

锻炼益处 ▶ 缓解肩部肌肉紧张，提高肩
关节灵活性，改善肩部不适、
含胸驼背等。

均匀呼吸

**膝盖在髋
部正下方**

1

跪撑姿势，双脚、双膝、双手贴地，双手距离略
大于肩宽。

教练
提示 **动作要点**

运动过程中，动作速度略慢，在
拉伸侧肩部距离地面最远时，短
暂停留，充分拉伸肩部内侧肌群。

扫码看视频

▶ 目标肌群

拉伸肩部前方肌群——三角肌前束、胸大肌。

最大幅度保持
3~5秒

向右上方推肩

**左肩向地
面运动**

2

屈肘，慢慢将右肩向天空方向推动，感觉左肩上方内侧有明显
的牵拉感，保持3~5秒。回到起始姿势，重复以上步骤，换左
侧肩，两肩交替练习。

身体不同
部位的拉
伸动作

颈、肩、
上肢拉伸
04

直臂前伸旋拧

锻炼益处 ▷ 缓解肩部和手臂肌肉紧张，
提高肩关节灵活性，紧致手
臂，改善肩部不适。

掌心相对，
五指分开

扫码看视频

1
双脚分开站立，与肩
同宽，面向前方。

2
双臂直臂前伸，与肩
同高，掌心相对，手
指分开。

▶ 目标肌群

活化大臂肌群——三角肌、肱三头肌、肱二头肌。

向内旋转　　向外旋转

3

双臂伸直向内旋转至最大幅度，略停顿，感受上臂周围肌肉的牵拉感。

4

双臂向外旋转到最大幅度，回到起始姿势。重复以上步骤。

身体不同
部位的拉
伸动作

直臂后伸旋拧

锻炼益处 ▶ 缓解肩部和手臂肌肉紧张，提高肩关节灵活性，改善肩部不适。

双脚分开
与肩同宽

扫码看视频

1

站立，双脚分开与肩同宽，双臂伸直自然垂于身体两侧。

2

沉肩，直臂，同时掌心向外旋转。

▶ 目标肌群

拉伸大臂肌群——三角肌、肱二头肌、肱三头肌。

均匀呼吸

最大幅度保持
3~5秒

教练提示 **动作要点**

整个动作过程中要沉肩，臂伸直，动作缓慢，在最大旋转幅度的位置稍停顿。

3

手臂向身体后上方慢慢举起，同时，掌心内外都旋转到最大幅度，感觉手臂上部有较强的牵拉感，保持3~5秒。回到起始姿势。重复以上步骤。

身体不同部位的拉伸动作

颈、肩、上肢拉伸
06

手腕屈伸

锻炼益处 ▷ 缓解手腕周围肌肉的僵硬，提高手腕的灵活性，缓解手腕部不适。

双臂平举，掌心相对

扫码看视频

1
站立，双脚分开与肩同宽，双脚脚尖朝前。

2
沉肩，双臂直臂前平举，掌心相对。

► 目标肌群

拉伸腕部肌群——桡侧腕屈肌、尺侧腕屈肌、桡侧腕伸肌和尺侧腕伸肌。

向内屈腕

向外伸腕

3

屈腕使掌心朝向胸部，一直屈腕到最大程度，感觉腕部肌肉有较强的牵拉感，稍停顿。

4

伸腕使掌心朝外，手背朝向胸部。缓慢回到起始姿势。重复以上步骤。

颈、肩、
上肢拉伸
07

手指弹琴

锻炼益处 ▶ 缓解手指周围肌肉的僵硬，提高手的灵活性，改善手部末梢血液循环。

扫码看视频

1
站立，双脚分开与肩同宽，双脚脚尖朝前。

2
沉肩，分开手指，两臂伸直向身体前方伸出，掌心向下。

▶ 目标肌群

活动手指肌群——手指屈肌、手指伸肌。

手指上下
摆动

3

像弹钢琴一样上下摆动手指，直到手指根部有较强的牵拉感。

身体不同部位的拉伸动作

颈、肩、上肢拉伸

08

太极起式

锻炼益处 放松身体，缓解躯干和上肢肌肉僵硬紧张，改善呼吸功能。

教练提示 ❗ 动作要点

双手在头部两侧伸直打开。

扫码看视频

1
站立，双脚分开与肩同宽，脚尖朝前，双臂垂于身体两侧。

2
双臂直臂从身体两侧向上伸展。

▶ **目标肌群**

拉伸和活化主要肌群——背阔肌、胸大肌、三角肌。

举过头顶

3

双手举过头顶。

4

保持掌心相对，双手合拢，下移在胸前，稍停顿，回到起始姿势。重复一定的次数。

身体不同部位的拉伸动作

第二节 躯干拉伸动作

扫码看视频

躯干拉伸
01

跪姿转体

锻炼益处 ▸ 缓解下背部僵硬紧张，增加背部灵活性，缓解下背部不适。

1

跪姿，俯身，双手与肩同宽，五指分开撑垫。

2

左臂屈肘下压，右臂伸直，从躯干下方穿过，右侧背部下压，脊柱向左侧旋转，直至感觉右侧后下背部有较强的牵拉感。

► **目标肌群**

拉伸背部肌群——背阔肌。

动作要点

躯干尽量旋转，手臂尽量向远伸。如果有明显的疼痛，立即停止动作。

教练提示

最大幅度
保持至少
10秒

感受背部肌群有较强程度的牵拉感！

较强

左侧背部下压

3

左臂支撑，右臂慢慢回到原位，呈跪姿俯身姿势。换另外一侧进行练习，两侧分别保持静态拉伸至少10秒。

身体不同
部位的拉
伸动作

躯干拉伸
02

猫式伸展

锻炼益处　缓解背部僵硬，增加脊柱的
灵活性，减轻上背部和腰背
部疲劳。

均匀呼吸

膝盖在髋
部正下方

1

双膝、双手跪撑于垫面，双膝与髋同宽，双手与
肩同宽撑垫，脚尖贴垫。

教练
提示 动作要点

手臂轻推垫面，拱背时吸气，回
位时呼气。

扫码看视频

▶ 目标肌群

拉伸躯干肌群——菱形肌、躯干伸肌。

最大幅度保持
3～5秒

向上拱背

背部拱起
呈C形

2

收腹的同时含胸低头，缓慢拱起背部，使背部肌肉感觉到明显的牵拉感，保持3～5秒，使躯干呈C形，手臂微微用力推垫。缓慢回到起始姿势。重复以上步骤。

身体不同
部位的拉
伸动作

躯干拉伸
03

站立转体

锻炼益处 放松躯干肌肉，增加脊柱旋
转幅度，缓解躯干僵硬紧张。

于胸前
手拉手

扫码看视频

1
站立，双脚分开与肩同
宽，双脚脚尖朝前。

2
双臂屈肘抬起，于胸
前手拉手。

▶ **目标肌群**

拉伸腹内斜肌、腹外斜肌。

向左转体

向右转体

3

身体最大限度地向左侧扭转，感觉到胸部、腰部的肌肉有较强的牵拉感，稍停顿。

4

回到起始姿势，然后重复以上动作。一侧练习后，换对侧转动。

身体不同
部位的拉
伸动作

躯干拉伸
04

仰卧倒膝

锻炼益处 ▶ 放松躯干肌群，增加躯干和髋部的灵活性，缓解腰背不适。

1

仰卧于垫上，弯曲双膝约呈90度，双臂侧平举，放在地面。

向右转动

2

双膝向右侧转动，使身体扭转，感觉胸、腰、臀部肌肉有牵拉感。

扫码看视频

▶ 目标肌群

拉伸腹内斜肌、腹外斜肌、背阔肌、臀大肌。

 动作要点

膝扭转靠近地面时，吸气入腹。左右侧如果有明显的不对称，柔韧性较差的一侧多做 2 次。

向左转动

3

回到起始姿势，继续向左侧转动。重复以上步骤。

身体不同
部位的拉伸
动作

躯干拉伸
05

对角伸展

锻炼益处 | 放松大腿内侧和腰部肌肉，增加髋关节灵活性，缓解腰背不适。

1

双脚分开站立，间距约为2倍肩宽，脚尖朝前，背部平直，双臂侧平举，目视前方。

教练提示 **动作要点**

运动过程中，髋部始终向前，不要翻转。
肘在膝盖上方，上臂尽量与小腿成一条直线。

扫码看视频

▶ 目标肌群

活化大腿内侧、脊柱和躯干肌群。

向右伸展

最大幅度
保持至少
10秒

感受腿部和躯干肌群有
较强程度的拉伸感!

较强

2

左腿伸直,右腿屈膝,右脚尖外旋90度,右臂屈肘支撑在右大腿上,左臂斜向伸直指向天空;同时,身体向右侧逐渐倾斜至左侧躯干肌肉有较强的牵拉感,保持至少10秒,换另外一侧重复以上步骤。两侧交替。

身体不同部位的拉伸动作

躯干拉伸
06

麻花拉伸

锻炼益处　放松髋部，增加髋关节的灵活性，保持髋关节功能。

**双腿屈膝
呈90度**

1

坐姿，右腿屈膝90度在身体前方，左腿屈膝90度在身体后方，双臂在身体两侧扶垫子。

向右转体

2

躯干向右侧转动至面部尽量朝向后方，保持静态拉伸动作至少10秒。

扫码看视频

▶ **目标肌群**

拉伸和活化脊柱、髋部肌群——背阔肌、大腿内收肌群、臀大肌等。

教练提示！ **动作要点**

躯干在转动过程中保持直立，头向上顶，眼睛随着躯干转动。

最大幅度保持至少
10秒

向左转体

3

回到起始姿势，继续向左侧转动。重复以上步骤。

身体不同
部位的拉
伸动作

躯干拉伸
07

蚱蜢拉伸

锻炼益处 缓解身体前侧肌肉紧张，
增加腰背部力量，缓解腰
背酸痛。

俯卧姿势
掌心朝上

1

俯卧在垫子上，双臂放于身体两侧，掌心朝上。

 教练
提示 动作要点

蚱蜢拉伸是对背部比较有压力的动作，如
果背部在后弯的位置感到压迫，可以采取
循序渐进的方式练习，重点练习背部肌群，
防止背部肌肉受伤。运动过程中，脊柱充
分伸展，注意不要抬得过高，否则会造成
不舒适。全程保持均匀呼吸，不要憋气。

扫码看视频

▶ 目标肌群

拉伸身体前侧肌群、腹直肌、髂腰肌、股四头肌。

双臂、双腿
向上抬起

最大幅度保持
3～5秒

感受身体前侧肌肉有较
强程度的牵拉感！

较强

2
头部、胸部、双臂和双腿最大限度地抬离垫面，身体前侧的肌
肉应有较强的牵拉感，保持3～5秒。慢慢放回身体。重复此
动作。

身体不同部位的拉伸动作

躯干拉伸
08

立膝转体

锻炼益处 ▶ 放松腰部、臀部肌肉，增加髋关节灵活性，缓解腰部酸痛。

1

坐于垫上，双腿并拢，双手于体侧撑垫。

2

右侧膝关节弯曲，横跨过左腿，同时右脚平放在垫上，左臂抱住弯曲的右腿。

扫码看视频

▶ 目标肌群

伸展髋关节及下背部肌群——臀大肌、背阔肌等。

教练提示！动作要点

运动过程中，注意身体转动时，屈膝腿保持不动。躯干直立，不弯腰。

最大幅度保持至少 **10秒**

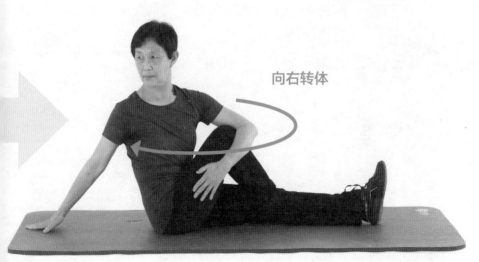
向右转体

3

右手撑于垫面，躯干直立向右转动到最大幅度。保持身体姿势不变至少10秒，换对侧转动。

第三节 下肢拉伸动作

下肢拉伸 01

4 字伸展

锻炼益处 ▶ 缓解臀部后侧肌肉紧张，增加髋关节灵活性，缓解臀部不适和疼痛。

1

仰卧于垫上，双脚分开与髋同宽，手臂自然放于身体两侧。

2

双腿弯曲，右脚踝放于左大腿上，使身体呈4字形。

扫码看视频

▶ 目标肌群

拉伸臀部肌群——（同侧）臀肌、（对侧）梨状肌。

教练提示 **动作要点**

运动过程中，向胸部拉伸大腿时，尽量吸气，背部贴紧垫面。

最大幅度
保持至少
10秒

3

双手在左大腿后侧交叉，缓慢拉动左大腿向胸部移动，到最大幅度，感觉臀部肌肉有较强的牵拉感。保持静态拉伸动作至少10秒，然后放下，换另一侧腿重复此动作。

身体不同部位的拉伸动作

下肢拉伸
02

弓步压髋

锻炼益处 ▶ 缓解髋部前侧肌群的僵硬紧张，提高髋关节灵活性，增大步幅，提高平衡能力。

双手扶住
左腿

1

前后分腿，躯干直立，右腿跪在垫面，左膝屈曲90度，双手扶住左腿。

教练提示 动作要点

运动过程中，均匀呼吸，充分打开髋关节，并随着拉伸幅度增加加深呼吸。

扫码看视频

► 目标肌群

拉伸和活化髋部前侧肌群——髂腰肌、股四头肌。

髋部向前
移动

最大幅度
保持至少
10秒

双手推左腿
使身体前移

2

双手推左腿，髋部前移，充分打开右侧髋关节，右膝微用力保持压向垫面，感觉到右髋前侧有较强的牵拉感，保持至少10秒。换对侧腿做同样动作。两侧交替。

下肢拉伸
03

梨状肌拉伸

锻炼益处 ▶ 缓解臀部后侧肌肉紧张，增加髋关节灵活性，改善久坐臀部痛的症状。

双手撑垫保
持身体稳定

1

坐姿，左腿向后伸展，右腿向内弯曲，躯干前倾，双臂伸展，双手撑于垫面。

教练提示 ! **动作要点**

躯干前倾下压时，腰部直立，不弯腰，髋部朝向正前方。重点体会梨状肌是否有牵拉感，全程均匀呼吸。

扫码看视频

▶ 目标肌群

拉伸梨状肌。

最大幅度
保持至少
10秒

感受臀部肌群有较强程
度的牵拉感！

较强

向下俯身

2
躯干向下贴近垫面，感觉到右臀部后侧有较强的牵拉感，保持
至少10秒。换另外一侧重复动作。

身体不同
部位的拉
伸动作

扫码看视频

下肢拉伸
04

仰卧开腿

锻炼益处　缓解大腿内侧肌肉的紧张，增加髋关节的灵活性，纠正骨盆的位置，改善体态。

1

仰卧于垫上，双腿直腿举起，与地面垂直，双手置于身体两侧。

 教练提示

动作要点

腿与地面垂直，分腿时，双腿缓慢打开到最大幅度。

▶ 目标肌群

拉伸大腿内侧肌群。

感受大腿内侧肌群有较
强程度的牵拉感！

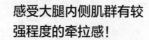

较强

最大幅度
保持至少
10秒

双腿向两侧打开

2

双腿向两侧缓慢打开到最大幅度，感觉大腿内侧有较强的牵拉
感，保持静态拉伸动作至少10秒。重复以上步骤。

身体不同部位的拉伸动作

侧卧屈膝拉踝

锻炼益处 ▶ 缓解坐姿导致的身体不平衡，预防和缓解腰部不适，提高运动能力。

1

向右侧卧于垫上，头部枕在右臂上，左臂贴于身体左侧。

扫码看视频

2

右腿伸直，屈左膝，左手抓住左腿的脚踝，左手拉动左脚靠近臀部。

▶ 目标肌群

拉伸大腿前侧肌群——股四头肌、髂腰肌。

教练提示！ **动作要点**

运动过程中，身体保持直立，不屈髋，均匀呼吸。

最大幅度
保持至少
10秒

左脚向后拉伸

3

左脚向后拉伸至大腿前侧的肌肉有较强的牵拉感，保持该静态拉伸动作至少10秒。缓慢放手。换另一侧腿重复动作。两侧交替。

身体不同
部位的拉
伸动作

下肢拉伸 06 站立压腿

锻炼益处 缓解髋部和大腿肌肉紧张，预防运动损伤，提高平衡能力。

1

面向椅子站立，抬起左腿放于椅子上。背部平直，双手置于身体两侧，目视前方。

 动作要点

运动过程中，身体前倾时，尽量不弯腰。站立腿的脚尖朝前。

扫码看视频

▶ 目标肌群

拉伸下肢后侧的肌群——腘绳肌、腓肠肌、比目鱼肌。

最大幅度
保持至少
10秒

身体前倾

感受下肢后侧肌群有较
强程度的牵拉感！

较强

2

身体前倾至左腿大腿后侧有较强的牵拉感。保持静态拉伸动作
至少10秒。换另一侧腿重复动作。

身体不同部位的拉伸动作

下肢拉伸

07

仰卧举腿

锻炼益处 ▶ 缓解大腿肌肉紧张，预防运动损伤，提高平衡能力。

1

仰卧于垫上，双腿屈膝，脚掌踩垫，手臂放于身体两侧。

扫码看视频

2

右脚踩地，左腿抬起，双手抱住左大腿后侧。

▶ 目标肌群

拉伸大腿后侧肌群——腘绳肌。

感受大腿后侧肌群有较
强程度的牵拉感！

较强

最大幅度
保持至少
10秒

左腿向上伸直

3

左腿伸直，感受到大腿后侧有较强的牵拉感。保持静态拉伸动
作至少10秒。换另一侧腿重复动作。

身体不同
部位的拉
伸动作

下肢拉伸
08

悬脚踩跟

锻炼益处 ▶ 缓解小腿的紧张，增加踝关节活动范围，提高平衡能力。

前脚掌踩在
台阶边缘

1

站立，双臂下垂，右腿伸直在前，前脚掌踩在台阶的边缘，左腿伸直支撑身体。

扫码看视频

 教练提示

动作要点

在拉伸小腿时，膝关节微屈，保护膝盖。脚跟主动下压，体会小腿后侧的牵拉感。

▶ 目标肌群

拉伸小腿后侧肌群——腓肠肌、比目鱼肌。

最大幅度
保持至少
10秒

感受小腿后侧肌群有较强程度的牵拉感！

较强

右腿下踩

2

身体前倾，右脚跟逐渐向下踩至小腿后侧有较强的牵拉感。保持此静态拉伸至少10秒。换另一侧腿重复动作。

身体不同部位的拉伸动作

下肢拉伸
09

并腿跪坐

锻炼益处 ▶ 缓解腿部肌肉僵硬紧张，增加髋、膝、踝关节的灵活性，改善腿形。

背部平直，
目视前方

1

并腿跪于垫上，脚背向下，身体直立，双臂置于身体两侧。

扫码看视频

教练提示

动作要点

运动过程中，两腿尽量并紧，脚背尽量压垫。躯干尽量保持直立。

▶ 目标肌群

拉伸小腿前侧、大腿前侧肌群。

最大幅度
保持至少
10秒

感受腿部前侧肌群有较强程度的牵拉感！

较强

臀部后坐

2

臀部逐渐向后，慢慢向下坐在脚跟上，双手撑于垫面，感觉到腿部前侧肌肉有较强的牵拉感，保持静态拉伸动作至少10秒。

身体不同
部位的拉
伸动作

下肢拉伸
10

足踝绕环

锻炼益处 ▷ 增加踝关节的灵活性，预防
踝关节扭伤，提高平衡能力。

双手叉腰，
目视前方

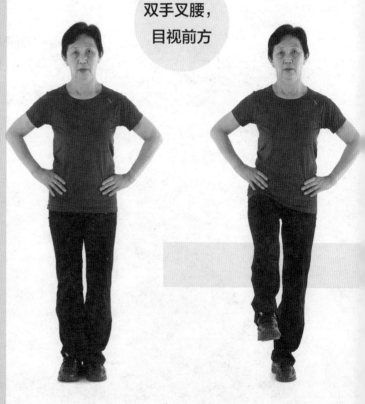

扫码看视频

1
站立，保持骨盆和脊柱
的正立位。

2
右腿向前抬起，左腿支
撑，保持身体平衡。

拉伸足踝周围的肌群——胫骨前肌、腓骨肌、跗长伸肌、趾长伸肌。

向外转动

向内转动

3

右脚向外转动脚踝8~10次。

4

右脚向内转动脚踝8~10次。换另一侧重复动作。

扫码看视频

身体不同
部位的拉
伸动作

下肢拉伸
11

助力转踝

锻炼益处 ▶ 提高踝关节灵活性，预防崴
脚，提高平衡能力。

背部平直，
目视前方

1

坐在椅子上，右腿屈膝踩地，左脚脚踝放于右大
腿之上，左手扶住左小腿，右手握住左脚尖辅助
转动左脚脚踝。

▶ 目标肌群

活化踝部周围的肌肉——胫骨前肌、腓骨肌、蹈长伸肌、趾长伸肌。

教练提示 ❗ 动作要点

脚踝在各个方向转动到最大幅度。

画圈转动

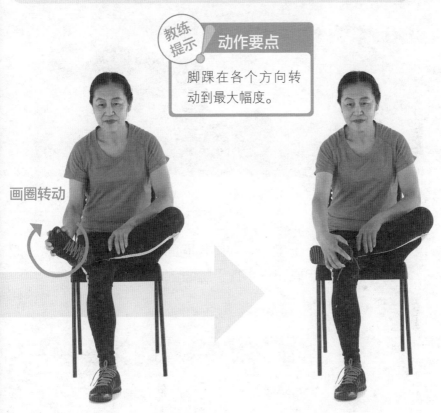

2

左脚脚踝画圈，感觉到踝关节周围肌肉有较强的牵拉感，顺时针转动一定的圈数，再逆时针转动同样的圈数。一侧完成后换另一侧重复动作。

身体不同部位的拉伸动作

第四节 全身拉伸动作

扫码看视频

全身拉伸 **01**

下犬式

锻炼益处 伸展身体后侧肌群，改善含胸驼背，消除疲劳。

膝盖在髋部正下方

1

跪撑于垫上，双脚与髋同宽，双手与肩同宽，双臂伸直，双手撑于垫面。

 教练提示

动作要点

运动过程中，在腿部伸展的时候，尽量用脚跟下踩，头部和背部成一条直线，全程均匀呼吸。若双腿无法伸直，可保持膝关节微屈。如果有高血压等疾病，不要做该动作。

▶ 目标肌群

拉伸腓肠肌、比目鱼肌、腘绳肌、臀大肌、背阔肌、
胸大肌、胸小肌。

感受腿部后侧、胸背肌群
有较强程度的牵拉感！

较强

最大幅度
保持至少
10秒

双臂和双腿同
时伸直

2

脚跟缓慢踩垫，伸展双膝至双腿伸直，同时手臂与肩部成一条
直线，感受到腿部后侧、胸背肌肉有较强的牵拉感，保持至少
10秒。缓慢屈膝，跪地，回到初始状态。重复一定的次数。

身体不同
部位的拉
伸动作

全身拉伸
02

婴儿式

锻炼益处　缓解下背部酸胀，放松肩颈，
消除压力、紧张和疲劳。

背部平直，
目视前方

1

并腿跪于垫上，脚背贴垫，手臂放于身体两侧。

2

俯身，双手贴垫，前额慢慢靠近垫子，同时臀部
逐渐后坐，双臂后伸。

扫码看视频

▶ 目标肌群

拉伸小腿前侧肌群、大腿前侧肌群、臀肌、竖脊肌。

最大幅度
保持至少
10秒

教练
提示

动作要点

如果前额不能与垫面相触，可以垫一块瑜伽砖。

前额与垫面相触

3

含胸低头，双臂放于身体两侧，掌心向上，前额与垫面相触，使目标肌肉有较强的牵拉感。保持静态拉伸动作至少10秒。

身体不同
部位的拉
伸动作

扫码看视频

全身拉伸
03

反向三角式

锻炼益处 ▶ 缓解背部不适，改善体态，塑造腰部线条，改善腿形。

背部平直，
目视前方

1

双腿分开站立，右脚伸直在前，脚尖朝前，左脚伸直在后。

教练
提示

动作要点

前侧脚全脚掌落在垫面上，前侧腿尽量保持直立，膝关节微屈。如果两侧有不对称的状况，在较紧的一侧增加一些静态拉伸时间。

▶ **目标肌群**

锻炼阔筋膜张肌、大腿内收肌群、腘绳肌、腹外斜肌、腰方肌。

最大幅度
保持至少
10秒

右臂向上
伸直

2

身体向右侧转，至上身几乎与地面平行。双臂打开，左手尽量触碰右脚处的垫面，右臂向上伸直。感受到上身、右侧臀部、右腿有较强的牵拉感，保持至少10秒。换另外一侧拉伸，重复动作。

制订拉伸计划

本章包括制订拉伸计划的内容，如练习频率、拉伸强度、练习时间及练习时机，还包括缓解颈肩不适的拉伸计划、缓解下腰背不适的拉伸计划、缓解膝关节不适的拉伸计划、跑步或走路之后的拉伸计划、预防体态老化的拉伸计划，以及全身整体的拉伸计划。需要注意的是，拉伸动作一定要在保证动作质量的前提下才会达到良好的效果，还要均衡地对身体的各个部位进行拉伸，而不要过度拉伸某一个部位。

如何做到有效拉伸
有效拉伸的练习频率

　　有效的拉伸计划包括根据个人的练习目标来发展大关节的活动度，改善身体的柔韧性。拉伸有即时效应也有长期效应。关节的活动度在拉伸之后就可以即刻得到提高，长期效应受不同的因素影响而不同。

　　练习频率是指每周练习的次数。拉伸要取得持续的效果——改善身体的柔韧性，至少每周练习2次，若每天都进行拉伸，效果会更好。

拉伸计划表

每周练习拉伸，
取得持续效果

坚持拉伸，改
善身体柔韧性

02

如何做到有效拉伸
有效拉伸的强度和时间

在针对身体某一个部位进行拉伸时，拉伸到什么程度以及拉伸多长时间才会有效果呢？

静态拉伸

静态拉伸时，感到肌肉有紧绷感或轻微不适即可。针对一个动作，至少保持 10 秒才有效。年龄大的人，一次拉伸保持 30~60 秒，会获得更多的益处。

动态拉伸

动态拉伸时，要达到关节的最大活动范围，并保持至少 3 秒。一个动作重复 10~15 次是合适的。

易化拉伸

根据自己身体的情况，做 2~3 次的对抗拉伸，最终感到较强的牵拉感。在进行易化拉伸时，拉伸到关节的最大活动范围，在此位置肌肉或肌群进行等长收缩，紧接着进行 10~30 秒的辅助拉伸（放松—收缩—放松）。

不同的拉伸练习所用的强度和时间各不相同，需要根据自身实际情况选择。

如何做到有效拉伸

有效拉伸的时机

　　身体温度升高时，进行拉伸练习的效果较好。一般通过主动热身、热敷、洗澡等方法，都可以提高身体肌肉温度。

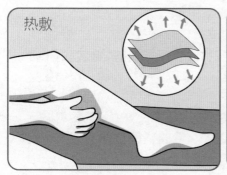

缓解颈肩不适的拉伸
颈肩不适的原因

60度

长时间保持一个静态姿势，容易引起部分肌肉紧张，如较长时间使用计算机、玩手机等，很容易造成颈肩肌肉僵硬紧张，导致颈肩不适。

长时间保持一个静态姿势

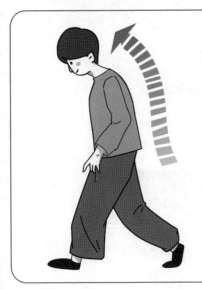

在姿势不良（如圆肩、头前引等）情况下进行运动，会过度使用某一部分肌肉，造成肌肉紧张。如在错误姿势下做俯卧撑，有可能会导致肩部肌肉紧张。

在错误姿势下进行日常活动和锻炼

缓解颈肩不适的拉伸计划

1 下颌触胸
见第 48~49 页

8 猫式伸展
见第 66~67 页

7 跪姿转体
见第 64~65 页

2 四向点头
见第 50~51 页

3 跪式推肩
见第 52~53 页

5 直臂后伸旋拧
见第 56~57 页

均匀呼吸

6 太极起式
见第 62~63 页

4 直臂前伸旋拧
见第 54~55 页

缓解下腰背不适的拉伸

下腰背不适的原因

久坐不动容易导致腰部肌肉劳累，因此经常会感到腰背酸痛。

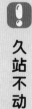 久坐不动

长时间站立容易形成静脉曲张。长时间站立容易导致血液循环不畅，如果在站立时姿势不正确，还容易出现腰椎疼痛，或腰椎弯曲。

久站不动

缓解下腰背不适的拉伸

缓解下腰背不适的拉伸计划

1 太极起式

见第 62~63 页

2 跪姿转体

见第 64~65 页

3 猫式伸展

见第 66~67 页

4 仰卧倒膝

见第 70~71 页

5 对角伸展
见第 72~73 页

6 麻花拉伸
见第 74~75 页

7 蚱蜢拉伸
见第 76~77 页

10 婴儿式
见第 104~105 页

8 立膝转体
见第 78~79 页

9 4 字伸展
见第 80~81 页

01

缓解膝关节不适的拉伸

膝关节不适的原因

当髋关节和踝关节的活动度不足时，下肢的力往往会传递到膝关节，轻者会造成膝关节的不适，重者造成半月板、韧带的损伤。

髋关节和踝关节活动度不足

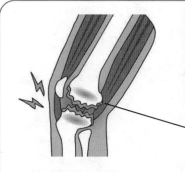

膝关节长期过度劳累，膝关节软骨和关节面会受到损坏，还有可能造成关节软骨的累积性损伤。

膝关节过度劳累

119

缓解膝关节不适的拉伸

缓解膝关节不适的拉伸计划

1 4 字伸展
见第 80~81 页

9 足踝绕环
见第 98~99 页

8 并腿跪坐
见第 96~97 页

7 悬脚踩跟
见第 94~95 页

120

2 弓步压髋
见第 82~83 页

3 梨状肌拉伸
见第 84~85 页

4 仰卧开腿
见第 86~87 页

6 仰卧举腿
见第 92~93 页

5 仰卧倒膝
见第 70~71 页

跑步、走路之后的拉伸

跑步、走路使用的肌肉

跑步和走路会调动身体的大部分肌肉，核心、髋、臀和下肢等的肌肉会更多地被使用。骨盆和髋关节是身体的根基。髋部、臀部肌肉用于稳定骨盆，让身体不容易疲劳。平日里有走路和慢跑习惯的人群要注意进行髋、臀部的拉伸。臀大肌是臀部十分强劲的肌肉，在走路、跑步时，吸收来自地面的冲击力。因此在跑步或走路后，需要积极拉伸臀大肌。此外，臀中肌、梨状肌也需要及时拉伸。梨状肌变僵硬会压迫到坐骨神经，进而引发腰痛等问题。在路况不佳的地方跑步时，髋外展肌容易承受额外负荷，因此在走路和跑步后也要及时拉伸髋外展肌。

拉伸动作

快乐宝贝式

身体呈仰卧姿势，双腿屈膝，向上抬起，同时双手抓住脚掌，双手向下拉双腿至目标肌肉有中等程度的牵拉感。在一定时间内保持姿势。

腿部肌肉

股四头肌、腘绳肌在走路和跑步时，使用频繁；髂腰肌是连接骨盆、股骨和腰椎的肌群，在抬腿时发挥作用，其僵硬紧张会导致骨盆前倾，运动后应及时拉伸。

小腿因支撑身体重量，过度使用而僵硬紧张，在走路、跑步后，应及时松解腓肠肌、比目鱼肌和胫骨前肌，还要拉伸足底肌群等。

预防跑步后损伤

跑步后，需要预防髋关节外旋肌群、阔筋膜张肌、胫骨前肌、足底肌群、臀中肌、臀大肌、髂腰肌、股四头肌、大腿内收肌群、腘绳肌、腓肠肌，以及比目鱼肌的损伤。跑步时脚掌着地，膝盖受到的冲击力是体重的2～3倍，与膝盖损伤有关的大腿肌肉是阔筋膜张肌。走路、跑步时会用到髋关节外旋肌群。因此，需要对以上部位进行拉伸。

缓解双脚浮肿的拉伸（拉伸小腿前侧到脚踝的肌肉）能有效促进血液循环，肌肉收缩时产生的活塞作用可以促进血液循环，对腘绳肌的动态拉伸也有同样效果。伏案工作的人群可以在工作间隙进行拉伸，例如拉伸腓肠肌、比目鱼肌等，以及转动脚踝，这些都可以缓解双脚浮肿。

拉伸动作

动态坐式屈伸

身体呈坐姿，背部平直，双腿并拢且向前伸直，脚尖绷直，双手在身后支撑身体。向身体方向逐渐勾脚尖至目标肌肉有一定程度的牵拉感。回到起始姿势。

第五节 02

跑步、走路之后的拉伸

跑步、走路后的拉伸计划

1 对角伸展
见第 72~73 页

10 助力转踝
见第 100~101 页

11 下犬式
见第 102~103 页

9 并腿跪坐
见第 96~97 页

2 麻花拉伸
见第 74~75 页

3 蛏蜢拉伸
见第 76~77 页

4 字伸展
见第 80~81 页

7 仰卧举腿
见第 92~93 页

5 弓步压髋
见第 82~83 页

8 悬脚踩跟
见第 94~95 页

6 仰卧倒膝
见第 70~71 页

第六节
01
预防体态老化的拉伸
体态老化的表现

步幅缩短和弯腰驼背是体态老化的特征性表现。步幅缩短与髋部、臀部、下肢的力量及关节活动度有关。驼背与躯干前后侧的肌肉不平衡有关。

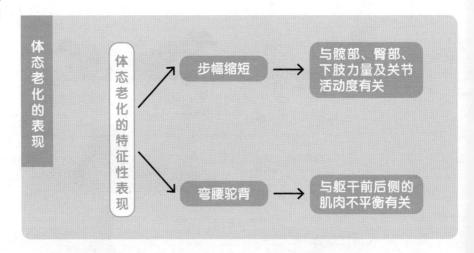

要预防体态老化，需要对胸大肌、髂腰肌、股四头肌、腘绳肌、大腿内收肌群、腓肠肌、胫骨前肌等肌肉进行拉伸。如果体力下降，长时间坐着，那么对膝盖和骨盆稳定性会造成极大的影响，因此要充分拉伸这些部位的肌肉。

拉伸动作

大腿内侧拉伸
一侧腿屈膝呈跪姿，另一侧腿向身体侧面伸直，双手触碰伸直腿至目标肌肉有中等程度的牵拉感。

02

预防体态老化的拉伸计划

1 太极起式

见第 62~63 页

2 猫式伸展

见第 66~67 页

4 弓步压髋

见第 82~83 页

3 对角伸展

见第 72~73 页

6 仰卧倒膝
见第 70~71 页

5 仰卧开腿
见第 86~87 页

10 反向三角式
见第 106~107 页

7 仰卧举腿
见第 92~93 页

8 悬脚踩跟
见第 94~95 页

9 并腿跪坐
见第 96~97 页

第5章

第七节
01

全身整体拉伸
全身肌肉僵硬
紧张的原因

运动少或不运动的人，身体容易僵硬紧张。一是因为肌肉得不到锻炼，用进废退；二是因为筋膜等结缔组织得不到锻炼，就会产生紧绷感；三是因为血液循环变慢，运输氧气和养料的能力变弱。

针对全身主要肌群的拉伸能够较好地改善肌肉僵硬紧张的状态。

一次完成全身肌肉筋膜的拉伸需要较长时间，因此可以分时段进行，效果相同。如上午拉伸颈肩、躯干肌群，下午拉伸髋臀、下肢肌群。

拉伸动作

向后伸展
双脚分开站立，与肩同宽。双手在腰后位置紧紧握拳，最大限度地向身体后上方举起至目标肌肉有中等程度的牵拉感。

全身整体拉伸
全身整体拉伸计划

1 四向点头
见第 50~51 页

2 直臂前伸旋拧
见第 54~55 页

4 太极起式
见第 62~63 页

5 猫式伸展
见第 66~67 页

3 直臂后伸旋拧
见第 56~57 页

6 仰卧倒膝
见第 70~71 页

7 对角伸展
见第 72~73 页

16 助力转踝
见第 100~101 页

14 婴儿式
见第 104~105 页

15 反向三角式
见第 106~107 页

8 4 字伸展
见第 80~81 页

9 弓步压髋
见第 82~83 页

10 仰卧开腿
见第 86~87 页

12 并腿跪坐
见第 96~97 页

13 下犬式
见第 102~103 页

11 悬脚踩跟
见第 94~95 页

读 者 福 利

我们为本书读者特别赠送了"零基础摄影视频课程（共17节）"，您可以扫描下方二维码，添加企业微信，免费获取课程（首次添加企业微信，即可在线观看视频课程；非首次添加企业微信，请先回复"63323"，而后根据操作提醒在线观看视频课程）。

课程专门针对摄影爱好者，旨在帮助您快速入门摄影。让我们一起探索摄影的奥秘，开启您的摄影之旅！